APRENDE A FINANCIARTE

APRENDE A FINANCIARTE

Las claves del éxito en tus finanzas

JOAN GIMÉNEZ

TITULO: *Aprende a financiarte*
Las claves del éxito en tus finanzas

AUTOR: *Joan Giménez* ©, *2019*
afin.aprendeafinanciarte@gmail.com
COMPOSICIÓN: *HakaBooks - Optima, cuerpo 13*
DISEÑO DE LA PORTADA: *Hakabooks*©
ILUSTRACIÓN: *Ingrid Lafuente*©
FOTOGRAFÍA AUTOR: *Guillem Vergés*©
EDICIÓN Y CORRECCIÓN DE TEXTOS: *Tu voz en mi pluma*©
www.tuvozenmipluma.com

HAKABOOKS
08204 Sabadell - Barcelona
 +34 680 457 788
 *www.hakabooks.com*
editor@hakabooks.com
Hakabooks

Quedan prohibidos, dentro de los límites establecidos por la ley y bajo los apercibimientos legalmente previstos, la reproducción total o parcial de esta obra por cualquier medio o procedimiento, ya sea electrónico o mecánico, el tratamiento informático, el alquiler o cualquier forma de cesión de la obra sin autorización escrita de los titulares del copyright. Todos los derechos reservados.

*A mis padres,
por su apoyo y amor incondicional.*

ÍNDICE

1. Prólogo — 11
2. Introducción — 15
3. El amor — 19
4. Rompiendo creencias — 31
5. El trabajo — 43
6. Los ingresos — 57
7. El endeudamiento — 71
8. *Breaking Bad* — 83
9. El método CISCO — 95
10. Aprende a financiarte — 109

Agradecimientos — 121
Bibliografía recomendada — 123

PRÓLOGO

¡Bon dia, *Pedro*!

Deseo que tengas un fantástico, maravilloso y exitoso día. Lleno de amor, abundancia y prosperidad.

Joan me hace este regalo todas las mañanas. Los dos sabemos que las palabras crean la realidad, y esta generosidad de Joan hace que todos los días sonría al nuevo amanecer. Yo, a la recíproca, cada mañana le devuelvo también estos fantásticos deseos.

Conozco a Joan desde pequeñitos, desde el colegio, y tras más de veinte años sin vernos, otro libro —el que yo escribí: *Ya sabía yo que en avión era más fácil. Cruzando el Atlántico a remo*— fue lo que nos volvió a unir. Ahí nos dimos cuenta de que nuestras vidas habían evolucionado de forma muy similar.

Coincidimos en que la riqueza debe ser entendida en sentido amplio: espíritu, educación, salud, solidaridad, pasiones, cultura, dinero… En suma, la riqueza está en aquello que todo lo engloba: el amor.

Me viene a la mente la frase: «Es tan pobre que solo tiene dinero».

Libertad financiera también es amor. No es solo un derecho, sino también una prioridad. Con ella podrás desarrollar todas las facetas de la riqueza. El amor del que hablo debe ser un amor honesto, puro, genuino, si no, no sirve de nada. El Dr. Aleix Ripol Millet así me lo ha enseñado; como psicólogo y experto en mediación de conflictos, considera que el amor es el arma más potente, y que el día que la hagamos nuestra, lograremos todo. «Donde no hay amor, pon amor y sacarás amor».

El estrés, el cansancio, las preocupaciones te alejan del camino para prosperar. Este libro siembra en ti la semilla para hacer crecer esta posibilidad, te brinda la opción de saber que el tiempo, tu tiempo, ha de ser de calidad; para poder crear riqueza se ha de estar descansado, tranquilo y feliz.

Si eres feliz, atraerás lo que te trae felicidad. No puedo evitar mencionar la fábula del nieto cheroqui que le pregunta a su abuelo:

> —Tengo un dilema, en mi mente tengo una lucha entre dos lobos: uno es odio, guerra, ira, envidia, y el otro lobo es comprensión, ternura, paz, amor. ¿Cuál de los dos ganará?

Su abuelo le contestó con sabiduría:

—El que tú alimentes.

En *Aprende a financiarte*, Joan, con más de veinticinco años de experiencia financiera a sus espaldas, comparte sus conocimientos contigo para que tú prosperes; desea enviar un mensaje de optimismo al mundo en un campo que hasta hace bien poco era tabú: el dinero.

«El orden es is-dispensable[1] para el éxito». Gran frase que mi abuelo escribió en la pared de la habitación de sus hijos para que siempre lo recordaran.

Hazte la cama, del comandante William H. McRaven. Desde que lo leí, todos los días me hago la cama al levantarme. Es tu primera labor del día, es un reflejo del orden físico y mental. Es también el primer logro del día y no será el último. Para el supuesto de que sí fuera el último, al llegar a casa, al menos tendrás la cama hecha. Sencillo, genial.

Este libro tiene un ejercicio al final de cada capítulo, con unas hojas en blanco para que lo lleves a cabo y tomes notas sobre lo que has leído. Yo te recomiendo que escribas con tu mejor letra. Eso requiere de mayor concentración, esfuerzo y arte, pero el resultado siempre es más grato tanto para la mente como para el espíritu. Sí, a ese nivel.

---

1 Se ha transcrito la frase tal cual estaba escrita en la pared del dormitorio. Todo hace pensar que el hecho de escribir *is-dispensable* —de manera aparentemente incorrecta— se debe a un juego de palabras intencionado por parte del abuelo de Pedro Ripol.

Si mentes inferiores hablan de personas, mentes medias hablan de situaciones, y las superiores hablan de ideas, la mente de Joan rebosa ideas. Eres afortunado, querido lector, porque tienes entre tus manos una fuente de sabiduría; vas a descubrir ideas y a realizar ejercicios que te van a ayudar a cambiar y mejorar tu riqueza, y reitero, riqueza en sentido amplio.

Este es un libro para tenerlo siempre cerca, para releer sus enseñanzas y repasar tus apuntes escritos, porque saber no solo significa entender, sino también recordar. Aquí se siembra la semilla que irá creciendo según tu voluntad, la que irá creciendo en futuros libros y cursos escritos e impartidos por Joan.

Os dejo con el regalo que Joan me brinda todas las mañanas y que te recomiendo leas a diario: «¡*Bon dia*, lector! Deseo que tengas un fantástico, maravilloso y exitoso día. Lleno de amor, abundancia y prosperidad».

Pedro Ripol

INTRODUCCIÓN

Querido lector, tienes en tus manos mucho más que un libro, tienes un manual que te enseñará y te ayudará a tomar decisiones correctas en materia de financiación de tus recursos. Te enseñará en qué y cómo invertir tu dinero, cómo gestionar tus ingresos y cómo obtener ingresos pasivos que te permitan conseguir la tan anhelada libertad financiera.

Otros autores dicen, o más bien pretenden enseñarte, cómo ganar mucho dinero de forma rápida. Con este libro, yo te enseñaré cómo mantener tu dinero e invertirlo de forma rentable y correcta.

¿Por qué me decidí a escribir este libro? Estaba viendo una conferencia de Wayne Dyer cuando dijo una frase que me impactó y removió: «No te quedes con la música en tu interior». Desde ese momento, tomé la decisión de hacer públicos todos los conocimientos que tengo sobre financiación, ya sea para particulares o empresas. Me surgió la necesidad imperiosa de hacer llegar mis conocimientos al mayor número posible de personas que pudieran necesitarlos.

No podía pasar más tiempo «guardándome la música», debía compartir contigo, querido lector (ahora alumno), todos mis conocimientos.

Durante los años que pasé trabajando en una entidad financiera pude adquirir muchos conocimientos sobre esta materia, pero entonces solo los aplicaba a favor de mis clientes. Ahora es el momento de que tú tengas acceso a esos conocimientos, los asimiles, los entiendas y, por supuesto, los apliques.

No necesitas una gran base de conocimientos sobre economía y finanzas para poder entender y aplicar lo que en este libro se explica, puesto que el lenguaje que utilizo es muy sencillo, y lo que no entiendas siempre podrás consultármelo.

Te recomiendo que durante la lectura tengas a mano un bolígrafo o lápiz para hacer los ejercicios y para tomar notas en las hojas en blanco que encontrarás al final de cada capítulo, ya que este es tu libro, tú formas parte de él. Te pido que respondas a unas preguntas, hazlo, son preguntas que a mí me cambiaron o mejoraron la vida, y deseo que suceda lo mismo contigo.

Ahora, como dicen en el mundo del espectáculo: *sit back, relax and enjoy* (siéntate, relájate y disfruta).

EL AMOR

Hacer lo que amas es la piedra angular de la abundancia en tu vida.

Wayne Dyer

Te preguntarás ¿qué tiene que ver el amor con aprender a financiarse? Todo. El amor es lo más importante en nuestras vidas. Si no pones amor en lo que haces, dices o piensas, estás condenado al fracaso.

Cuando hablo de amor no me refiero únicamente al amor de pareja, ese es otro tema y da para más de un libro, estoy hablando de amor en el sentido de poner todo el afecto, el sentimiento y la entrega en lo que somos y hacemos.

Los niños son el más claro ejemplo de amor. Todo lo hacen de corazón, de manera inocente, sin segundas intenciones. Cuando un niño te dice que te quiere, te da un beso, te abraza o te enseña su juguete favorito lo está haciendo con el corazón; es sentimiento, afecto, entrega; amor en estado puro. Así debemos ser nosotros con nuestras acciones y pensamientos en el día a día.

Cuando estás siempre quejándote, hablando mal de tu trabajo, de tus amigos, de tus compañeros de trabajo, de tu jefe, de que no tienes dinero suficiente para hacer esto o aquello, de que tienes muchas deudas, de que tu coche no es lo suficientemente bueno, de que tu casa está así o asá, de que tu ropa no es de marca o no está a la última moda, lo único que estás haciendo es sabotearte a ti mismo.

¡BASTA!

Detente por un instante, obsérvate, analízate y pregúntate: ¿Dónde está el amor en todo eso? Y empieza por amarte a ti mismo. Si aprendes a amarte a ti mismo, aprenderás a amar a los que te rodean, a amar lo que tienes y has conseguido, a amar tu trabajo, tu familia, y así aprenderás a amar tu vida. Cuando amas todo lo que te rodea, lo que tienes, lo que eres, te conviertes en «uno con el todo». Te aseguro que con este simple ejercicio estarás dando un gran cambio a tu vida.

Poner amor en lo que haces es fundamental para conseguir el éxito, la prosperidad y la abundancia. Si cocinas una paella, por ejemplo, y estás todo el rato quejándote de esto o aquello y no le prestas la atención que requiere, no te entregas a la tarea que estás realizando en ese momento, el arroz terminará quemándose o no saldrá del gusto de los comensales. Mientras que si pones todo el amor en cocinarla, te saldrá la mejor paella del mundo. A todos nos gusta la comida que prepara nuestra madre, ¿te has preguntado alguna vez por qué la comida de tu madre es tan sabrosa? La respuesta es muy simple, porque una madre pone todo el amor en preparar la comida de sus hijos.

Dos grandes maestros en mi vida, Xavier Caparrós y Sílvia Gélices, autores del libro *El paradigma del corazón*, me pusieron como ejercicio, en uno de los talleres a los que asistí, que no me quejase más a partir de ese día, que no criticase ni juzgase a nadie, y que pusiera amor en todo lo que hiciese. Recuerdo que Sílvia me dijo: «Tienes un gran corazón lleno de amor, no te lo guardes solo para ti y compártelo con el mundo». Cuando lo puse en práctica, mi vida dio un giro espectacular; las cosas mejoraron muchísimo, las relaciones con mis amigos y familia mejoraron sustancialmente. Quiero confesar que algunas veces se me escapa algún quejido o crítica, entonces pongo en práctica un anclaje, tal y como me enseñaron, y rápidamente vuelvo a la serenidad del amor.

Un anclaje es un gesto, palabra o cualquier cosa que se te ocurra hacer, para que en el momento en que eres consciente de que te estás desviando del camino marcado, vuelvas a ponerte en él. Yo, por ejemplo, cuando veo que me estoy quejando de algo, carraspeo, me aclaro la garganta de forma disimulada, y vuelvo al camino del amor.

El amor es lo más importante en nuestras vidas. Si nos amásemos más los unos a los otros, la humanidad no sería tan egoísta y no existirían los problemas que hay en el mundo.

Todo lo que se hace con amor, desinterés y sinceridad se nos devuelve con mayor proporción. No importa cómo te pagan los demás, la recompensa viene de más arriba, y no llena tu ego, llena tu corazón.

Cuando tengas que elegir
entre distintos caminos,
elige el camino del corazón.

Quien elige el camino del corazón
nunca se equivoca.

Proverbio sufí

Como dice siempre mi amigo Pedro Ripol: «El amor es la respuesta correcta a cualquier pregunta».

Ejercicio:

Haz una lista de todas las cosas que has hecho a lo largo del día y analiza cuáles han sido hechas con amor y cuáles no, te sorprenderá el resultado.

Este ejercicio recomiendo hacerlo diariamente antes de ir a dormir; de esta manera, durante el sueño, tu subconsciente tomará conciencia de cómo debes hacer las cosas día a día.

Notas

(Recuerda, tómate tu tiempo para escribir y haz buena letra).

Notas

(Recuerda, tómate tu tiempo para escribir y haz buena letra).

ROMPIENDO CREENCIAS

*Las tres palabras más negativas
que existen son: «Ya lo sé».*

DANIEL GARCÍA CALVO,
de su curso «Secretos de riqueza»

A lo largo de nuestra vida adquirimos una serie de creencias limitantes que provienen de distintas influencias, durante la infancia las adquirimos de forma inconsciente, y en su mayoría de nuestros padres. Pero no hay que culparlos por ello, nuestros padres lo hicieron lo mejor que supieron, acorde con la educación que ellos mismos recibieron.

El Dr. Miguel Ruiz, en su libro *Los cuatro acuerdos*, habla de la domesticación que recibimos durante nuestra infancia por parte de los padres, de la escuela, de la iglesia y de la sociedad a la que pertenecemos. Esta domesticación es tan poderosa que llega un momento en el que ya no necesitamos que nadie nos domestique y pasamos a ser nuestro propio domador. Así, nos castigamos cuando hacemos las cosas mal o nos recompensamos cuando las hacemos bien.

Durante esta domesticación se nos inculcan una serie de creencias limitantes que oímos infinidad de veces, como: «El dinero no crece en los árboles», «¿te crees que tengo una máquina de hacer dinero?», «el dinero no da la felicidad», «hay que trabajar muy duro para ganar dinero», «tú no puedes hacer eso», «está fuera de tu alcance», «no eres tan guapo para conquistar a esa chica», «yo nunca seré rico», y mi favorita: «¿Con qué te ganas la vida?», cuando te preguntan a qué te dedicas o en qué trabajas. La vida me la gané en el momento de nacer, el trabajo no me da la vida, el trabajo es un medio por el cual obtengo un dinero que utilizo para gastarlo en lo que yo decida. Pero sobre el trabajo hablaré más adelante.

Ahora, la finalidad de este capítulo es identificar las creencias limitantes que has adquirido, analizar cómo te han afectado hasta ahora, y eliminarlas adoptando nuevas formas de pensar que contribuyan a tu felicidad y prosperidad. Para ello te propongo un simple ejercicio: coge un papel y un bolígrafo y escribe una lista de las creencias limitantes que conoces, o de tus miedos, que también te han sido inculcados desde pequeño. Analiza cómo te han afectado hasta ahora y escríbelo. Ahora fíjate en una cosa: todo esto lo aprendiste en un pasado de forma externa, domesticación, así que ahora es el momento de eliminar estas creencias y adaptar nuevas formas de pensar para adquirir felicidad, abundancia y prosperidad.

Poniendo un símil informático: las creencias limitantes no son más que pequeños programas que se instalan en nuestro cerebro, y ¿qué hacemos cuando un programa informático se queda obsoleto o ya no sirve para la función que tenía? Se desinstala; es decir, se elimina y se instala un programa nuevo.

En nuestro caso, como no somos ordenadores, a esto lo llamamos «desaprender». Desaprender todas las creencias limitantes y transformarlas en positivo para crecer como personas y tener prosperidad, abundancia, éxito y amor en nuestras vidas.

Te propongo otro ejercicio: toma la lista que has hecho antes sobre tus creencias limitantes y pásalas a positivo. Por ejemplo, con la frase: «El dinero no crece en los árboles», pero el papel para hacer los billetes se obtiene, en parte, de los árboles. Otro ejemplo, con la frase: «Yo nunca seré rico»; tan sencillo como eliminar el «nunca», que es lo negativo, y queda así: «Yo seré rico».

Analicemos la típica frase: «El dinero no da la felicidad». Si tú haces un donativo a una ONG que invierte ese dinero en construir una escuela en zonas donde no tienen recursos para construirlas, conseguirás que unos niños, unos padres y unos profesores sean felices. O si ese dinero se destina a adquirir medicinas para gente sin recursos, les estás dando felicidad. Y si tú eres conocedor de esa inversión realizada con el dinero que has donado, tú serás feliz. Por lo tanto, esa afirmación que hemos escuchado tantas veces es falsa.

Venimos al mundo llenos de amor e inocencia, y con el tiempo y las influencias que he comentado anteriormente, aprendemos a desconfiar y temer. Ya es hora de desaprender para volver al punto de inicio.

Ejercicio:

Haz una lista de todas las creencias limitantes que creas que tienes, incluso la más insignificante. Una vez hecho esto, pásalas a positivo como he explicado.

Notas

(Recuerda, tómate tu tiempo para escribir y haz buena letra).

Notas

(Recuerda, tómate tu tiempo para escribir y haz buena letra).

EL TRABAJO

*Mira si es malo trabajar,
que hasta nos pagan por ello.*

UN TAXISTA DE BARCELONA

Esta frase tan directa me la dijo hace años un taxista en Barcelona. Era un día caluroso de verano, tenía que ir a firmar unas escrituras en un notario y tomé un taxi. Al subir lo saludé, y con un tono que denotaba urgencia le dije que me llevara a tal dirección. El tráfico era insufrible en aquellos momentos y yo llegaba tarde a la cita.

—Hay que ver cómo está el tráfico en Barcelona a estas horas — dijo el taxista al ver mi nerviosismo y para romper el hielo.

—Sí, es increíble. Hay días en que parece que se va a acabar el mundo —comenté yo.

—Ni que lo diga. Vamos todos siempre con prisas y estresados por el bendito trabajo —añadió el taxista.

—Bendito trabajo —repetí yo mientras revisaba mi agenda como si con ello fuera a conseguir no llegar tarde a la cita.

—Trabajo, trabajo y trabajo. Nos pasamos el día trabajando, pensando en el trabajo, comiendo con el trabajo, incluso durmiendo con el trabajo, y nos olvidamos de vivir la vida. Y cuando se ha pasado la juventud, nos damos cuenta de que nos la hemos perdido —dijo sabiamente el taxista, captando toda mi atención.

—Sí, tiene razón, pero tenemos que trabajar en algo para ganarnos la vida. Nadie nos regala nada —añadí yo.

—Claro que sí —respondió él—. Pero tendríamos que saber parar alguna vez o, si no, la muerte nos parará algún día. No se puede ir con ese estrés por la vida, no es sano.

—Cierto —dije yo.

—Mire si es malo trabajar, que hasta nos pagan por ello —sentenció el taxista.

Os aseguro que esa conversación llegó a lo más profundo de mi ser. Me hizo replantearme muchas cosas de las que había hecho hasta entonces en mi carrera profesional. Preguntas del tipo ¿vale la pena tanto esfuerzo y dedicación? ¿Vale la pena dejarme la salud en este trabajo? ¿Tengo que dedicarle mi tiempo libre a este trabajo? ¿Y sabéis qué pasa cuando surgen este tipo de preguntas? Que ya nada vuelve a ser igual. A partir de ese momento estás preparado para dar el salto a un nuevo nivel de conciencia. Se despiertan en ti ideas y pensamientos que tenías ocultos bajo la presunta responsabilidad laboral a la que estás atado. Y como si se tratase del *Big Bang*, todo cambia para mejor y nada vuelve a ser igual.

Durante veinticinco años he trabajado en una de las principales entidades financieras españolas, que fue el banco más rentable del mundo durante muchos años. Sí, tal y como lo lees, hasta que el relevo en la presidencia, junto con una pésima gestión por parte de su nuevo presidente y consejo de administración, lo llevó prácticamente a la ruina y a su desaparición, y fue adquirido en su totalidad por otro gran banco por el precio de un euro.

Durante esos veinticinco años trabajé duro, más de diez horas al día, en ocasiones más de doce, para «ganarme la vida» y hacerme un «hombre de provecho». ¡Ja, ja, ja! Estos son dos ejemplos de creencias limitantes que durante mucho tiempo rondaron en mi cabeza por oírlas constantemente de mis superiores. Me dejé la salud, literalmente, en un intento por labrarme una carrera profesional «digna» y obtener grandes ingresos.

Durante los primeros años en el banco me enseñaron que el cliente era la base de nuestro negocio, que había que conocerlo bien y cuidarlo. Me explicaron el símil de la pirámide invertida, en la que los clientes estaban arriba y el presidente abajo. No sé en qué momento perdieron el norte y la pirámide se invirtió. Los clientes pasaron a ser simples números en un ordenador, y solo contaban los resultados y el hecho de engrosar los bonos que cobraban el consejo de administración y el presidente. Una lástima.

Pero llegó el día en que desperté del sueño, de ese falso sueño al que me habían inducido durante mi domesticación, cuando se me inculcaron creencias que me limitaban como persona, y decidí que ya no quería seguir trabajando en el sector bancario porque ya no creía en su política, porque no quería dejarme la vida en ello.

Así, un día, en plena crisis del banco, apareció mi oportunidad. El banco presentó un ERE y me acogí a él. Desde ese momento era libre para hacer lo que siempre había deseado: invertir mi tiempo en mí, emprender mis negocios, estudiar, escribir este libro.

A partir de ese momento me dediqué a trabajar en mí y para mí.

Me gustaría hacer una distinción entre trabajar para otro o trabajar para uno mismo. En el primer caso, te estás esforzando para que el dueño del negocio se enriquezca; en el segundo caso, lo haces para tu propio enriquecimiento. Pero también hay que ver el trabajo para otro como un medio para conseguir conocimientos, contactos, experiencia, dinero, etc.

Todo el mundo debería tener un empleo que le permitiera desarrollar su potencial. Como Confucio dijo: «Escoge un trabajo que te guste y no tendrás que trabajar ni un solo día en tu vida». Si te has formado en algo concreto que te apasiona, debes hacer todo lo posible por trabajar en ese campo. Puede ser que tu pasión sea la de ser investigador científico y desees trabajar en un laboratorio, en tal caso puede que tengas que hacerlo para terceros o también

Aprende a financiarte

podrías obtener la inversión suficiente para llevar a cabo tu propia investigación o crear tu propio laboratorio.

Si deseas emprender un negocio que te apasiona, hazlo. Si tienes una idea de negocio, llévala a cabo hasta el fin. Busca inversores si no cuentas con recursos suficientes. Trabaja en esa idea, dedícale todo el tiempo que desees, es tu idea y tu negocio.

Si no tienes una idea clara de negocio, siempre puedes buscar una franquicia. Las franquicias tienen la ventaja de que un experto ha hecho todo el trabajo en cuestión de estudios de mercado, producto y técnicas de venta, y tú solo has de encontrar un local en el que puedas instalar la franquicia.

Pero recuerda siempre poner amor en lo que haces.

Ejercicio:

Ya que hablamos de trabajo, tómate un tiempo libre.

(Recuerda que puedes usar las hojas en blanco que encontrarás a continuación para tomar notas o apuntar las dudas que te surjan en este capítulo).

Notas

(Recuerda, tómate tu tiempo para escribir y haz buena letra).

Notas

(Recuerda, tómate tu tiempo para escribir y haz buena letra).

Notas

(Recuerda, tómate tu tiempo para escribir y haz buena letra).

LOS INGRESOS

*Es más importante aumentar
tus ingresos que cortar tus gastos.*

*Es más importante aumentar
tu espíritu que cortar tus sueños.*

Robert T. Kiyosaki

Qué más podría añadir después de esta gran frase del maestro Robert T. Kiyosaki. Es así, lo prioritario es aumentar tus ingresos.

Los ingresos provienen principalmente del trabajo que realizas, ya sea para terceros o en tu propio negocio. Los ingresos que obtengas de ello siempre serán limitados. En un caso, por el convenio que rige tu contrato laboral, en el otro, por el tipo de negocio que hayas emprendido.

Trabajando para otro siempre tendrás un techo laboral y salarial, ya que no eres el dueño de la empresa y esta se rige, como ya he comentado antes, por un convenio colectivo que fija los salarios, por lo menos en el caso del Estado español.

Trabajando en tu propio negocio puedes tener más flexibilidad en cuanto a ingresos se refiere, pero siempre dentro de los límites de facturación y gastos que este tenga. Es decir, no puedes ponerte un sueldo muy elevado si la facturación de tu negocio es reducida con relación a sus gastos, o de lo contrario lo arruinarías.

Para aumentar tus ingresos, en ambos casos deberás intervenir como explicaré más adelante.

Pero ¿cómo gestionar los ingresos que obtienes? Una parte importante de los ingresos se gastan en cubrir las necesidades básicas: alimentación, vestuario, vivienda, luz, agua, gas, teléfono, etc. Aproximadamente un 60 % de tu salario. El resto debes invertirlo en formación, en ocio y en realizar inversiones financieras.

Fíjate que estoy hablando de gastar e invertir. Gastar un 60 % de tu sueldo e invertir el otro 40 %. La formación o el ocio los considero una inversión, porque se obtiene un beneficio de ello. Invertir en tu formación (estudios, másteres, libros, convenciones, etc.) te servirá para adquirir unos conocimientos muy necesarios. Invertir en ocio (turismo, espectáculos, cenas con amigos, excursiones, etc.) te permitirá sentirte bien contigo mismo, relajarte y desconectar de tus quehaceres y, a su vez, obtener contactos que te pueden ser de mucha utilidad en tus inversiones.

En cuanto a las inversiones financieras pueden ser de varios tipos, pero principalmente son: invertir en bolsa, invertir en bienes raíces (inmuebles) o invertir en negocios.

Hay dos tipos de ingresos: los activos, que se obtienen por el trabajo que realizas de forma directa; y los pasivos, que se obtienen sin que tengas que trabajar directamente. Con las inversiones financieras se consiguen ingresos pasivos.

A continuación, te pongo algunos ejemplos para obtener ingresos pasivos mediante inversiones financieras:

- Tienda *on-line* (abierta las veinticuatro horas del día en todo el mundo)
- Cobrar derechos de autor (libro, CD musical, largometraje, etc.)
- Red multinivel
- Canal de YouTube
- Ser un franquiciado

Un ejemplo de inversión inmobiliaria es adquirir un apartamento o local para obtener ingresos en forma de alquiler. Otro ejemplo de negocio que puedes emprender, si tienes un local de reducidas dimensiones bien situado, es instalar máquinas de *vending*. Estas máquinas son gestionadas directamente por la empresa de *vending* y tú solo tienes que cobrar un alquiler.

Para invertir en un inmueble también puedes utilizar la fórmula de la asociación con otros inversores. ¿Sabías que existe un sistema similar al *crowfunding* (lo que en castellano se conoce como mecenazgo) para la inversión en inmuebles? Se puede adquirir un inmueble entre varias personas, aportar una cantidad cada una, y en el momento de la venta cada uno recibe su porcentaje en los beneficios.

También puedes invertir en oro, en enero de 2000 el oro estaba a 282 dólares la onza, en octubre de 2016 estaba a 1230 dólares la onza. Un incremento de 948 dólares (casi 1000 dólares la onza), lo que supone un aumento del 436 %; el oro multiplicó por 4,36 veces su valor.

Recuerda que los establecimientos de «Compro oro» fueron el tipo de negocio que apareció en cada esquina cuando estalló la burbuja inmobiliaria y nos vimos inmersos en una de las peores crisis financieras, de la que aún no nos hemos recuperado, ni siquiera hemos llegado a salir.

Como puedes ver, la mayoría de inversiones financieras para lograr ingresos pasivos no necesitan de una gran inversión de capital, y para las que lo necesiten, siempre se puede recurrir al endeudamiento, del que te hablaré en el siguiente capítulo.

Te recomiendo que diversifiques en todo lo posible tus inversiones, no conviene poner todas las manzanas en la misma cesta.

Ahora, tú me dirás: «Mis ingresos no son suficientes para poder destinar una parte de ellos a inversiones financieras que me produzcan ingresos pasivos, a duras penas llego a cubrir mis necesidades básicas».

Ahí es donde has de intervenir tú. Intervenir es la clave.

Si el trabajo que realizas para otro no te produce suficientes ingresos, cámbialo. El mercado laboral es amplio, y una persona con tus conocimientos y experiencia en el sector en el que estás puede encontrar, fácilmente, trabajo en otra empresa. Solo has de creer en ti y en tus posibilidades.

Cuando se produjo el ERE del banco en el que trabajaba, varios de mis compañeros encontraron trabajo en otras entidades financieras a las que nunca hubieran pensado cambiar.

Si tu negocio no produce los ingresos que deseas, analiza el tipo de negocio que tienes para poder incorporar aquellas mejoras que incrementen su facturación. Tal vez se trate de algo tan «sencillo» como cambiar o adquirir alguna máquina, o redecorar el local, o realizar cambios en la carta de tu restaurante, o añadir nuevos productos o servicios a tu catálogo. Pero has de intervenir tú.

Un gran amigo mío, Tatos, mi hermano del alma, hace diez años creó una sociedad junto con otros socios para abrir un comercio de bebidas con bar en una población costera de Barcelona. A los cinco años, debido a la pésima gestión de los administradores, la empresa estaba al borde de la quiebra, con grandes deudas con proveedores, que amenazaban con dejar de servirles producto, y con Hacienda y la Seguridad Social, que amenazaban con embargo de bienes. Mi amigo decidió tomar las riendas del negocio, compró sus participaciones al resto de socios, cambió la decoración, cambió la carta, cambió el personal, cambió incluso la filosofía del negocio, transformándolo en taberna, negoció la deuda con los proveedores, Hacienda y la Seguridad Social, y en tres años le dio la vuelta a la tortilla. Ahora obtiene beneficios y es dueño de la taberna de más éxito y prestigio de la zona. Él supo intervenir.

Recuerda la frase de Kiyosaki: «Hay que aumentar los ingresos».

Sé que parece fácil decirlo y difícil hacerlo, pero si lo analizas bien, verás que no es más que otra creencia limitante que has de superar.

Ejercicio:

Haz un cuadro con tus ingresos y tus gastos y mira qué ahorro obtienes mensualmente (beneficio). Revisa cómo puedes incrementar tus ingresos (cambio de trabajo, ampliación del negocio, obtener ingresos adicionales, etc.) y cómo puedes reducir tus gastos (cambio de compañía de telefonía, ahorro energético, eliminar gastos innecesarios, etc.). Una vez hecho esto debes obtener mayor ahorro (beneficio) del que tenías antes. Revisa qué porcentajes estás destinando a gastos y a inversiones.

Notas

(Recuerda, tómate tu tiempo para escribir y haz buena letra).

Notas

(Recuerda, tómate tu tiempo para escribir y haz buena letra).

EL ENDEUDAMIENTO

*Si yo te debo una libra, tengo un problema;
si te debo un millón, el problema es tuyo.*

JOHN MAYNARD KEYNES

Hay dos tipos de endeudamiento: el improductivo o tóxico y el productivo o saludable.

El primero es aquel con el que no obtienes ningún beneficio económico, ninguna rentabilidad, y simplemente va mermando tus ingresos. Es el que se obtiene cuando te endeudas para pagar caprichos, ocio, las vacaciones, el coche e incluso la casa en la que vives. No obtienes una rentabilidad económica de ese endeudamiento.

El endeudamiento productivo es aquel que te sirve para obtener ingresos pasivos. Si vas a adquirir una vivienda o local comercial para alquilarlo posteriormente y así obtener ingresos pasivos, pero no cuentas con todo el capital para ello, es una excelente idea endeudarse. Esto es lo que en economía se conoce como «apalancamiento».

¿Cómo transformar un endeudamiento tóxico en uno productivo? Si tu vivienda está hipotecada y no puedes pagarla con los ingresos que tienes, puedes alquilarla para hacer frente a la deuda y buscar una vivienda para ti con una renta mensual que se ajuste más a tus ingresos.

Otra opción es venderla, cancelar la deuda hipotecaria, e invertir el dinero sobrante en un negocio que te genere ingresos.

Si te quieres cambiar de coche, por ejemplo, y tienes el dinero para ello, puedes gastar una parte de ese dinero en el coche y pedir un crédito por el resto, así cuando pase el tiempo y se haya cancelado el crédito tendrás tu coche y el dinero, que podrás invertir en otra cosa.

Por ejemplo, si tienes 10 000 euros, puedes gastar 5000 y pedir un crédito por los otros 5000, o podrías incluso pedir un crédito por los 10 000 euros e invertir el dinero que tienes, así evitas descapitalizarte, y transformas un endeudamiento tóxico en productivo, ya que con el dinero invertido obtienes unos rendimientos. Durante mis años trabajando en el banco lo recomendé a todos los clientes que querían retirar sus ahorros para comprar algo. Y el resultado siempre fue satisfactorio para ambas partes.

Pongamos como ejemplo que deseas comprar un local comercial, para alquilarlo, que cuesta 100 000 euros. Por un local comercial, los bancos acostumbran a dar un 70 % de su valor, por lo que tú has de poner el otro 30 %; es decir, no has de poner tú todo el capital. Por un préstamo de 70 000 euros a 15 años se pagaría poco más de 500 euros mensuales, si se alquila por 700 euros obtendrías un beneficio de 200 euros mensuales.

La tendencia a pensar que el endeudamiento es malo, se debe sobre todo a la creencia limitante que nos han inculcado y a la falta de educación financiera. Todos conocemos a gente que dice no querer endeudarse para adquirir algo y esperan a tener el dinero suficiente para comprarlo. Bien, es una opción, pero con este *modus operandi* no te harás rico. El endeudamiento controlado, y sobre todo el endeudamiento productivo, es incluso recomendable. Muchas grandes fortunas se han conseguido gracias al endeudamiento.

En una conferencia de Robert T. Kiyosaki a la que asistí, puso el ejemplo de una de las primeras inversiones que realizó: adquirió un pequeño apartamento por valor de 20 000 dólares, pero como no disponía de ese dinero, recurrió a un banco, que le concedió 18 000 dólares; pero aún le faltaban 2000 para completar la compra, por lo que solicitó una tarjeta de crédito con un límite de 2000 dólares; dispuso de ella y completó el capital necesario para adquirir el apartamento. Posteriormente lo puso en alquiler y después de pagar las cuotas mensuales de la deuda, obtenía un beneficio mensual de 150 dólares. Diez años después vendió ese apartamento por 150 000 dólares.

¿Verdad que ahora ves de manera diferente el endeudamiento?

Ejercicio:

Revisa tu endeudamiento (préstamos, tarjetas, hipotecas) y observa si es productivo o no. Una vez hecho esto, analiza cómo puedes cambiar lo que sea improductivo a productivo.

Notas

(Recuerda, tómate tu tiempo para escribir y haz buena letra).

Notas

(Recuerda, tómate tu tiempo para escribir y haz buena letra).

Notas

(Recuerda, tómate tu tiempo para escribir y haz buena letra).

BREAKING BAD

*He pasado toda mi vida asustado,
asustado de las cosas que podrían suceder.*

*Pero me he dado cuenta
de que el miedo es lo peor de todo.*

Walter White – Heisenberg
(personaje ficticio, protagonista de la serie *Breaking Bad*)

Si no conoces la serie de televisión *Breaking Bad*, te recomiendo que la veas, ya que está considerada una de las mejores series de todos los tiempos. Intentaré hacer poco *spoiler*.

Trata una parte de la vida de Walter White, un profesor de química de un instituto de la ciudad de Alburquerque (EE. UU.), que, por la traición de sus socios y amigos, tuvo que abandonar su exitosa carrera como químico y propietario de una industria química en Estados Unidos, y dedicarse a dar clases.

El día de su cincuenta aniversario le diagnostican un cáncer de pulmón terminal, y decide dar un giro a su vida y dejar a su familia el dinero suficiente para que puedan seguir adelante cuando él ya no esté. Walter tiene mujer, embarazada, y un hijo adolescente que nació con una parálisis cerebral que le provoca dificultades motrices y en el habla. La preocupación de Walter es la de cualquier padre o madre de familia que desea lo mejor para los suyos.

Walter White sería el ejemplo de *loser* (perdedor) americano que estamos acostumbrados a ver en Hollywood. Incluso los guionistas de la serie le adjudicaron un coche que fue premiado varias veces como «el coche más feo de la historia»: un Pontiac Aztek (uno de los últimos modelos que fabricó la marca antes de cerrar sus puertas tras ochenta años de vida como una marca icónica americana), ¿recuerdas la serie *El coche fantástico*? Pues Kit era un Pontiac Firebird Trans Am).

Walter malvive como profesor de un instituto, intentando que sus alumnos aprendan algo sobre química, lo que parece una tarea ardua y desesperante, ya que los alumnos prácticamente no prestan atención a sus clases. De entre sus alumnos hay uno, Jesse Pinkman, que decide utilizar los conocimientos obtenidos en dichas clases de química (asignatura que suspendió, por cierto) para «cocinar» una droga conocida como metanfetamina.

Walter decide asociarse con Jesse y, utilizando sus grandes conocimientos de química y su experiencia como investigador, crea la metanfetamina más pura del mercado. Esto atrae a comerciantes y, claro está, a la policía. Y consigue enriquecerse hasta extremos que ni él mismo en su momento más optimista habría pensado nunca.

Durante la serie se entrelazan diversas historias, algunas con toques de humor, otras con toques de crueldad. Pero siempre vemos dos Walter: uno frente a su familia y alumnos, temeroso y ninguneado, y otro frente a los traficantes, que se hace llamar Heisenberg (en honor al físico Werner Heisenberg, ganador del Premio Nobel de Física en 1932 por la creación de la mecánica cuántica). Cuando es Heisenberg vemos un Walter diferente, más valiente y sin temor alguno. Se hace evidente en la serie que Walter nunca habría deseado llegar hasta los extremos a los que llega, pero, como dice la frase del principio, el miedo lo tenía maniatado y en el momento en que pierde ese miedo, se transforma.

La finalidad de este capítulo no es que alguien se dedique a cocinar o traficar con drogas, sino aprender de lo que eres capaz cuando aplicas tus conocimientos para enriquecerte, y perder el miedo a salir de tu zona de confort, de tu trabajo «estable», de tu salario mensual, y atreverte a emprender en lo que realmente deseas hacer, dedicándole todo tu esfuerzo. Todos tenemos un don que nos ha sido concedido y hay que luchar con todas nuestras fuerzas para desarrollarlo.

Una gran amiga mía, Paola Cárdenas, siempre supo que su don era la comunicación. Desde bien joven trabajó en medios de comunicación en su país, radio principalmente. Cuando llegó a Cataluña se encontró con varios inconvenientes para acceder a un medio de comunicación. Durante un tiempo trabajó en diversos sectores: comercial en un concesionario de coches (sin tener carnet de conducir), administrativa de recobros de una financiera, administrativa para una empresa de *merchandising*; y a pesar de ser una gran profesional en todo lo que hacía, siempre me decía una cosa: «Solo necesito que me dejen un micrófono, el resto lo haré yo». Y así fue, consiguió ese micrófono en una radio de Barcelona, y desde entonces es la mejor locutora y voz comercial de las radios latinas de la ciudad. Nunca dudó de su don e hizo todo lo posible para cumplir su sueño.

Por eso insisto: no te quedes con la música en tu interior.

Ejercicio:

Mira la serie Breaking Bad.

Escribe en qué eres bueno, qué es aquello que se te da bien, cuál es tu don; no importa que te parezca una nimiedad, no lo es, créeme.

Notas

(Recuerda, tómate tu tiempo para escribir y haz buena letra).

Notas

(Recuerda, tómate tu tiempo para escribir y haz buena letra).

EL MÉTODO CISCO

*El secreto para una vida exitosa
es encontrar nuestro propósito,
y luego hacerlo.*

Henry Ford

CISCO son las siglas de:

- Conocimiento
- Inteligencia
- Sabiduría
- Consejos
- Opiniones

El método CISCO consiste en adquirir y usar el Conocimiento con Inteligencia y Sabiduría, escuchando y siguiendo los Consejos y Opiniones que se te brindan. Es un método propio que aplico en todas las facetas de mi vida con excelentes resultados.

El conocimiento se adquiere a través del aprendizaje (ya sea mediante estudios, cursos, carreras universitarias, o siendo autodidacta, leyendo libros, consultando internet, etc.), y con la práctica (cuando realizamos una misma tarea muy a menudo, adquieres el conocimiento específico que te permite mejorarla hasta llegar a dominar su ejecución). Obtener conocimiento es básico para nuestra evolución personal, laboral y económica.

Se dice que estamos en la era del conocimiento, ya que tenemos acceso a él desde cualquier lugar y en cualquier momento.

Pero no siempre tienes que saberlo todo sobre todo aquello que haces. Andrew Carnegie, un empresario estadounidense de éxito de finales del siglo XIX, dijo una frase fabulosa: «El secreto de mi éxito fue rodearme de personas mejores que yo». Carnegie, procedente de una familia pobre escocesa que emigró a los Estados Unidos, empezó ahorrando el dinero que ganaba con trabajos duros, invirtiéndolo en participaciones de pequeñas empresas de su ciudad, y logró su primera fortuna vendiendo bonos de compañías ferroviarias y siderúrgicas. Finalmente se concentró en la fabricación de acero, llegando a dominar el sector. Tal y como él mismo dijo, no necesitó saberlo todo, no necesitó tener todo el conocimiento sobre lo que estaba haciendo, le bastó con aplicar el conocimiento que tenía, el de cómo hacer negocios, y rodearse de gente que tuviera el conocimiento del cual él carecía, el de cómo fabricar acero, por ejemplo.

Robert T. Kiyosaki, en su conferencia de 2017 en Barcelona, puso un ejemplo: él se describió a sí mismo como un estudiante de nivel C, lo que equivaldría para nosotros a un estudiante de aprobado justo o suficiente, mientras que la gente que trabaja para él son los estudiantes de nivel A, es decir, de sobresaliente o matrícula de honor. Incluso bromeó con ello cuando presentó a su director financiero y a su director de servicios jurídicos, diciendo que ellos eran los estudiantes de nivel A que ahora trabajaban para él, un estudiante de nivel C. Pero a pesar de esta anécdota, nadie duda de los conocimientos que tiene Kiyosaki sobre economía y finanzas.

En mi época trabajando en banca, tuve tres clientes de una misma sucursal que provenían de familias humildes y que habían alcanzado un exitoso y alto nivel empresarial.

Uno de ellos tenía una empresa de reciclaje de vidrio, que llegó a ser la empresa que marcaba el precio de vidrio en toda España. El segundo tenía una empresa de reciclaje de papel y cartón. Y el tercero tenía una empresa de fabricación de aperitivos. Lo más curioso de todo fueron sus inicios: el primero empezó con una carretilla recogiendo botellas por las casas, el segundo hacía lo mismo, pero con cartones y periódicos, y el tercero tenía una churrería ambulante.

El conocimiento que habían adquirido cada uno sobre el producto con el que trabajaban les llevó a conseguir el éxito empresarial. Ninguno de los tres tenía estudios superiores, uno de ellos apenas si sabía leer y escribir, pero eso no fue un impedimento para conseguir el éxito y amasar grandes fortunas.

Sobre la inteligencia podemos decir que cada uno tiene la suya, todos somos inteligentes, y no es necesario tener una carrera universitaria o un Premio Nobel para ser calificado como inteligente. Con los ejemplos que he puesto antes, nadie puede decir que esas tres personas no sean inteligentes.

El diccionario de la RAE define inteligencia (entre otras acepciones) como «capacidad de entender o comprender», «capacidad de resolver problemas» y «habilidad, destreza y experiencia». Cualquiera de estas definiciones es válida para lo que quiero explicar.

Usa tu inteligencia.

La sabiduría, según la RAE, es el «grado más alto del conocimiento», y también es la «conducta prudente en la vida y en los negocios». La sabiduría nos permite usar el conocimiento de manera inteligente y noble, y tomar decisiones equilibradas.

En psicología la sabiduría se define como la capacidad que tiene una persona de adquirir conocimientos y utilizarlos de manera positiva y beneficiosa.

Si usas con inteligencia y sabiduría tus conocimientos te vuelves imparable.

Consejos y opiniones te llegarán incluso de quien menos te lo esperes. Las personas estamos siempre dispuestas a dar consejos o a expresar nuestras opiniones sobre cualquier tema. La cuestión es saber escucharlas y escoger aquellos consejos y opiniones que sean constructivos.

Si tienes un proyecto de negocio en mente es recomendable explicarlo a cuanta más gente mejor, así obtendrás opiniones al respecto que quizá no habrías sido capaz de observar por tu cuenta; los consejos que obtengas te serán de mucha ayuda. Explicando el proyecto conseguirás que surjan cuestiones que tú mismo no habías sido capaz de hacerte; por ejemplo, sobre el tipo de negocio y su viabilidad. Si consigues respuestas a esas preguntas, tu negocio será un éxito. Has de ser consciente de que en ese momento estás utilizando los conocimientos, inteligencia y sabiduría de otras personas, y esa es una ayuda impagable.

Volviendo al ejemplo de mi amigo y su taberna, ¿sabéis que estudios universitarios cursó? Diseño Industrial. ¿Sabéis qué conocimientos sobre el sector de la hostelería tenía? Ninguno. No sabía ni cómo organizar las mesas ni servir con una bandeja de camarero. No tenía conocimientos sobre el negocio que había adquirido, pero sí tenía conocimientos sobre cómo llevar un negocio y gestionar equipos humanos. Así que usó los conocimientos que tenía con sabiduría e inteligencia, escuchó consejos y opiniones y tomó aquellos que le fueron de utilidad. El éxito que obtuvo ya os lo he explicado.

Ejercicio:

Analiza cómo aplicar el método CISCO en tu vida y llévalo a cabo.

Notas

(Recuerda, tómate tu tiempo para escribir y haz buena letra).

Notas

(Recuerda, tómate tu tiempo para escribir y haz buena letra).

Notas

(Recuerda, tómate tu tiempo para escribir y haz buena letra).

....

....

....

....

....

....

....

....

....

....

....

....

....

....

....

....

....

....

APRENDE A FINANCIARTE

*Dale un pescado a un hombre y comerá un día,
enséñale a pescar y comerá todos los días.*

Proverbio chino

Un día, para cumplir uno de mis sueños de niño, decidí obtener el título de Patrón de Embarcaciones de Recreo (PER), y me apunté a una escuela náutica. Las clases teóricas estaban impartidas por un capitán mercante veterano, lo que llamaríamos un viejo lobo de mar, que con mucha paciencia nos explicó el temario completo que comprende el curso: normativa, nomenclatura náutica, seguridad, legislación, navegación, cartas marinas, etc.

El curso teórico se alternaba con clases prácticas: 16 horas de navegación a motor, 16 horas de navegación a vela, 8 horas de radio operador y una travesía de 24 horas seguidas navegando. Todo fue impartido por excelentes instructores y aprendí mucho. La experiencia fue fantástica.

Obtuve unos conocimientos que me permitieron presentarme al examen y aprobarlo. Por fin tenía un título que me permitía pilotar un barco. ¡Genial!

Pero ¿sabes cuándo aprendí a navegar realmente? El día que puse en práctica todos los conocimientos adquiridos en el curso.

Unos meses después, junto a unos amigos, decidimos alquilar un velero en el sur de Tenerife para hacer una travesía a la cercana isla de La Gomera y pasar un fin de semana navegando. Entre ellos se encontraba Pedro Ripol, gran marino que entre otras hazañas tiene la de haber cruzado el Atlántico a remo desde Tenerife hasta la isla de Barbados, y Jorge Fernández, nuestro capitán, que ha realizado muchas competiciones a vela, incluso regatas en solitario.

En esos tres días obtuve más conocimientos sobre navegación que en el mes y medio de curso.

Visualiza lo que deseas hacer y cómo lo deseas hacer. Cuando se presentó el ERE en el banco en el que trabajaba, recuerdo que visualicé una cantidad y me dije: «Joan, si te conceden esa cantidad, dejas el banco». Así fue, al céntimo. Y a continuación visualicé a qué me quería dedicar y cómo lo quería hacer. Y aquí estoy. Ha sido un camino largo, más de dos años, pero lo he disfrutado hasta el último segundo, y ha valido la pena llegar hasta aquí. Dicen que lo mejor de un viaje no es llegar al destino, sino disfrutar del camino.

La visualización te permite analizar mejor lo que vas a hacer y cómo lo vas a hacer. Te permite ver los posibles errores y cómo corregirlos.

Nos educan para estudiar y conseguir un «buen trabajo» para toda la vida, y si puede ser un trabajo como funcionario de la administración pública, mejor. Nos educan para ser la mano de obra que hace más ricos a los ricos, mientras nosotros nos quedamos en una clase media-baja (más bien baja, ya que después de la crisis del 2007 la clase media prácticamente ha desaparecido).

Estudia, consigue un buen trabajo, cómprate una vivienda, ten hijos, compra un coche, y espera tu jubilación para cobrar una pensión. Esas son las premisas que nos enseñan. Esa es la vida para la que nos educan.

Y cuando consigues ahorrar algo de dinero, como no tienes educación financiera, te educan para que lo entregues a las entidades financieras y a los corredores de bolsa para que te lo gestionen. Y tú confías en ellos porque así te han educado. Estos gestores, que están más preocupados por cumplir los objetivos de sus entidades y por su bono que por tu beneficio, invierten tu dinero en productos como los bonos convertibles, las participaciones preferentes, los SWAP, etc., que no son malos productos, pero son productos para inversores con educación financiera, puesto que tienen un alto riesgo y volatilidad, y hay que hacerles un gran seguimiento, que los gestores de las entidades financieras no realizan.

Lo que sucedió en el estado español con estos productos fue que, con la excusa de que el cliente obtenía un alto rendimiento, se los «colocaron» a personas que no tenían educación financiera, y la mayoría de las veces no se les explicó la volatilidad y el riesgo que asumían. Se dieron muchos casos de jubilados que perdieron prácticamente todos sus ahorros.

Es muy importante obtener una buena educación financiera y existen múltiples canales para acceder a ella: escuelas de negocios, seminarios, conferencias de expertos en la materia, etc.

Con una buena educación financiera sabrás cómo invertir tu dinero, en qué invertirlo, cuánto invertir y cuándo es el mejor momento para hacerlo.

Con una buena educación financiera sabrás que tu vivienda no es un bien activo, sino un bien pasivo. Un bien activo (por ejemplo un local comercial de tu propiedad que tengas alquilado) produce flujo de dinero, que entra a tu cuenta; mientras que uno pasivo (un local donde desarrollas tu negocio y por el que pagas un alquiler) produce gastos, dinero que sale de tu cuenta.

Nos educan para que compremos una vivienda por 100 000 euros, la vendamos por 150 000 y después compremos una de 200 000, para venderla por 250 000, y entonces comprar una de 300 000, venderla por..., etc. Hasta que estalla la burbuja y nos arruinamos. Nos educan para tener ganancias de capital con los activos, que en realidad son pasivos, mientras que nuestro enfoque ha de ser el de obtener flujo de dinero que nos permita reinvertirlo para obtener más flujo de dinero; es decir, conseguir más ingresos.

Mientras tanto, las personas que tienen una buena educación financiera han conseguido incrementar sus riquezas invirtiendo en el momento preciso y en los sectores adecuados.

Con una buena educación financiera, tu dinero trabaja para ti.

Con una buena educación financiera sabrás qué impuestos has de pagar y cuáles no. ¿Sabías que las grandes fortunas son las que pagan menos impuestos? ¿Sabías que el estado financia algunas inversiones con una reducción de impuestos? ¿Sabías que el estado subvenciona la contratación de personal mayor de 45 años o con discapacidad?

Mi último día de trabajo en el banco fue el 30 de diciembre de 2016. Desde ese día me he estado formando, aumentando mi educación financiera, asistiendo a cursos y seminarios. A pesar de los veinticinco años trabajados en el sector financiero, considero que aún tengo mucho que aprender, ya que la educación nunca debe acabar, porque enriquece todos los aspectos de nuestra vida. Lo que no he vuelto a hacer es trabajar para otro. He invertido el dinero obtenido de la liquidación del banco en varios negocios que me generan ingresos mensuales, puse mi casa a la venta para reinvertir el capital obtenido en bienes inmuebles y nuevos negocios que me generen ingresos mensuales, flujo de dinero.

Actualmente llevo un nivel de vida por encima del que tenía cuando trabajaba en banca, ya que entonces mis únicas metas eran la de trabajar duro, esperar a final de mes, pagar mi hipoteca y todos los gastos de mi casa, ahorrar un poco, gastar el resto en ocio y viajar cuando tenía vacaciones. Desde el 1 de enero de 2017 he viajado más de lo que lo había hecho en los veinticinco años de trabajo en el banco.

Se puede decir que aprendí a pescar en lugar de esperar a que me dieran los peces para comer. Esta es la finalidad de este libro para contigo.

Ahora te toca a ti. No te conformes con lo que tienes, ve a por más, tú puedes. Cambia de trabajo o de negocio, diversifica tus inversiones. Visualiza lo que deseas obtener y cómo lo vas a obtener, de esta manera todo es más sencillo de conseguir y verás resultados que no esperabas. Equivócate, porque cada equivocación es un nuevo aprendizaje. Aprende cosas nuevas, obtén nuevos conocimientos, amplía los que ya tienes y ponlos en práctica. Contrasta tus ideas, consulta con terceros lo que vas a hacer. Usa los consejos y opiniones que te den. Consúltame las dudas que tengas (encontrarás mi correo al final del libro), estoy aquí para ayudarte.

Por último, quiero recomendarte dos juegos de mesa que, en mi opinión, son esenciales para practicar lo que te he explicado en este libro. El primero y más conocido es el Monopoly. Con él aprenderás a invertir en el mercado inmobiliario. Te reto a que descubras cuál es su truco y me lo cuentes; yo ya lo sé. El segundo no es tan conocido en nuestro país. Se trata del Cashflow, un juego creado y desarrollado por Rober T. Kiyosaki en el que aprenderás a invertir tu dinero.

Y para terminar, solo quiero decirte tres palabras muy importantes: ¡Aprende a financiarte!

AGRADECIMIENTOS:

- A la Xupipandi, por su apoyo y amor incondicional durante la mayor parte de mi vida y por creer en mi proyecto. No sé qué habría sido de mí si no os tuviera como amigos o, mejor dicho, como hermanos.
- A Paola Cárdenas, Valerie Lohmeyer, Mireia Llunell y Mónica Quintana, por aceptar leer el primer borrador. Vuestros consejos y opiniones han sido de gran valor para que el libro se publique tal y como está ahora.
- A Pedro Ripol, por su ayuda y colaboración en todos los sentidos para que este libro viera la luz, pero sobre todo por aceptar el reto que le lancé al pedirle que escribiera el prólogo. Es un inmenso honor y una de mis mayores alegrías tenerte como amigo.
- A Íngrid Lafuente, por las excelentes ilustraciones que ha realizado para el libro, para lo que ha creado un personaje, de nombre Lúa, que te demuestra lo que consigue aplicando lo que aprende en cada capítulo. Gracias, Íngrid, por formar parte de mi vida y tener ese corazón tan inmenso que compartes con todo el mundo.
- A Eva Ramírez (@tuvozenmipluma), por el gran trabajo de corrección y edición del libro. Tu apoyo no se paga con dinero.

- A mis Maestros, Sílvia Gélices y Xavier Caparrós, por enseñarme lo que es y significa el amor incondicional y ayudarme en uno de los peores momentos de mi vida.

- A mi hermana, M.ª Cecília Giménez, y a mi cuñado —mejor dicho, hermano—, Jordi Bolart, por creer ciegamente en mí.

- Y a todos aquellos que han soportado mis innumerables monólogos sobre el libro mientras comíamos, cenábamos o tomábamos algo (Óscar Torrecillas, Anna Pou, Carol Blanch, Jordi Giménez, Antonio Ríos, Tony Vendrell, Vicki Garcia, Marc Xifra, etc.)

- A mis Maestros, Wayne Dyer, Brian Weiss, Robert T. Kiyosaki, Joe Dispenza, Miguel Ruiz, que me han inspirado en tantos momentos sin que ellos lo supieran.

BIBLIOGRAFÍA RECOMENDADA:

Por orden cronológico de lectura:

- Hesse, Hermann. 2014: *Siddhartha*. Ed. Debolsillo
- Rovira, Álex., Trías de Bes, Fernando. 2004: *La buena suerte*. Ed. Empresa Activa.
- Johnson, Spenser. 2000: *¿Quién se ha llevado mi queso?* Ed. Empresa Activa.
- Ripol, Pedro. 2011: *Ya sabía yo que en avión era más fácil. Cruzando el Atlántico a remo.* Ed. Librería Universitaria.
- Fernández, Sergio. 2010: *Vivir sin jefe*. Ed. Plataforma Editorial.
- Weiss, Brian. 2015: *Los mensajes de los sabios*. Ediciones B.
- Caparrós, Xavier., Gélices, Sílvia. 2015: *El paradigma del corazón*. Ed. Obelisco.
- Dispenza, Joe. 2012: *Deja de ser tú*. Ed. Urano.
- Kiyosaki, Robert T. 2001: *Retírate joven, retírate rico*. Ed. Santillana Ediciones Generales.

- Dr. Ruiz, Miguel. 2017: *Los Cuatro Acuerdos*. Ed. Urano
- Manson, Mark. 2018: *El sutil arte de que (casi todo) te importe una mierda*. Ed. Harper Collins.

Para consultas, asesorías o información sobre los cursos y talleres que imparto puedes contactar conmigo en:

e-mail: afin.aprendeafinanciarte@gmail.com

 @afin.aprendeafinanciarte

 @afin.aprendeafinanciarte

 Twitter: @AFinanciarte

www.ingramcontent.com/pod-product-compliance
Lightning Source LLC
Chambersburg PA
CBHW070651220526
45466CB00001B/388